TIC TAC TIC TAC TIC

Léonard

est un fêtard

... sont vraiment de drôles de petits renards ! Tu veux savoir pourquoi ?

Médard est en retard

1

bROOOOORP

Édouard

est une star

Richard
est un froussard

4

Coin ?

Bernard

est un flemmard

ZZZZZZ...

Évrard

aime les épinards !

mais... qui est ce 7ème petit renard ?

c'est Gaspard à la guitare !

Achevé d'imprimer par Kapp à Évreux en septembre 2013. © Lire C'est Partir - www.lirecestpartir.fr - ISBN : 978-2-35024-273-6